Hervé M

Mon cahier poche

Je sème et récolte l'amour

Illustrations d'Aurélie **de La Pontais**

jouvence
EDITIONS

Du même auteur aux Éditions Jouvence :

Petit cahier d'exercices pour oser réaliser ses rêves

C'est décidé, je m'aime !

La Positive Solitude

Moi, surdoué(e) ?!

Dans la même collection Mon cahier poche

Mon Cahier poche : Je fais le choix de la psychologie positive, Yves Alexandre Thalmann

Mon Cahier poche : Je ne me prends plus la tête au travail, Xavier Cornette de Saint Cyr

Mon Cahier poche : Je cultive ma joie de vivre, Dr Anne van Stappen

Mon Cahier poche : Je m'affirme et j'ose dire non, Dr Anne van Stappen

Mon Cahier poche : Je rééquilibre mon alimentation, Céline Provost

Mon Cahier poche : je cocoone ma maison et je déploie mes ailes, Solange Cousin

Mon Cahier poche : Je vis avec les 4 accords toltèques, Patrice Ras

Mon Cahier poche : Ma slow life : je lève (enfin) le pied, Cindy Chapelle

CATALOGUE GRATUIT SUR SIMPLE DEMANDE

ÉDITIONS JOUVENCE
BP 90107 – 74161 Saint-Julien-en-Genevois Cedex
Suisse: Route de Florissant, 97 - 1206 Genève
Internet: **www.editions-jouvence.com**
Mail: info@editions-jouvence.com

ISBN : 978-2-88911-962-2
Couverture : Éditions Jouvence
Mise en page: Frank Pitel [grad-design.fr]
Dessins de couverture et intérieurs : Aurélie de La Pontais
Habillage graphique : ©Freepik

L'amour, un besoin légitime ?

Tout le monde y pense
Les hommes, les anges, les vautours
Y a plus de distances,
Personne qui ait les bras trop courts
Tout le monde espère, même à l'arrière des arrière-cours
Tout le monde veut son billet retour, d'amour, d'amour, d'amour, d'amour.

Tout le monde y pense, Francis Cabrel

Donnez, donnez, dodo-nnez,
Donnez, donnez-moi,
Donnez, donnez, dodo-nnez,
Dieu vous le rendra...
Il n'y a pas de honte à être un mendiant de l'amour.

Le mendiant de l'amour, Enrico Macias

«Il n'y a pas de honte à être un mendiant de l'amour.» Francis, Enrico, vous, moi, nous tous, femmes, hommes, nous voulons notre billet retour. On en conclurait presque qu'il n'y a pas de billet aller... Alors, tout le monde voudrait en recevoir, mais personne n'en donnerait ? Étrange foule sentimentale...

En introduction de ce cahier-poche, non sans une pointe de provocation, je souhaite mettre en cause une évidence trop consensuelle : pour être heureux, il faut être aimé.

Voici deux histoires qui mettent en doute cette croyance :

- La première histoire met en scène un couple. Définissons-le classique, pour faire simple : Une femme et un homme mariés. La femme est très amoureuse de son mari. Mais le mari n'aime pas sa femme. L'histoire ne dit pas pourquoi il vit avec elle. On peut imaginer qu'il y trouve son compte, qu'il l'a peut-être épousée pour des bénéfices secondaires cachés (sa dot, une caution sociale ou autre...) D'une façon qu'on pourrait qualifier de perverse, il a su habilement repérer certains signes auxquels sa femme est sensible et qui entretiennent l'illusion qu'elle est aimée de son mari. Par exemple, il a machiavéliquement estimé qu'en lui disant « je t'aime » environ deux fois par semaine, en n'oubliant jamais sa fête ni son anniversaire, en simulant quelque ardeur dans leur vie sexuelle, en lui offrant des fleurs quatre à cinq fois par an, et quelques autres attentions plus quotidiennes, il paraît assez crédible dans son rôle de composition d'homme aimant. Dupe de cette supercherie, sa femme se sent aimée. Elle est heureuse. Elle ne reçoit pas la moindre once d'amour. Cet amour n'existe pas dans le cœur de son mari. Si le manège perdure, bien que son bonheur repose sur une mystification, la naïveté de cette femme peut participer durablement à un bonheur privé d'amour.

La deuxième histoire met aussi en scène un couple marié. La femme est très amoureuse de son mari. Elle l'aime beaucoup malgré cette tare qu'il partage avec certains de nos congénères mâles : il ne sait pas exprimer ses sentiments. N'ayant pas le moindre recul sur son blocage, il adhère vivement à l'idée que ce genre de paroles ou d'attentions n'est que mièvrerie et faiblesse.

Mais pourtant, cette perception aussi primaire que rigide de l'expression des sentiments n'empêche pas ce macho d'en éprouver de sincères. Il est en fait très amoureux de sa femme. Il l'aime, mais ne sait pas manifester de signes qu'elle pourrait interpréter comme des preuves d'amour. Elle en souffre davantage au fil du temps. Le crescendo de son insatisfaction est proportionnel à celui de son doute. L'objet de ce doute est de se sentir aimée. Pourtant son mari l'aime, mais il ne sait pas le lui faire sentir. Bien que maladroitement très aimée, elle est malheureuse.

Ces deux histoires montrent que **la croyance qu'on est aimé(e) est un ingrédient du bonheur.** Que cet ingrédient soit réel ou factice, il est bien rare qu'il n'y participe pas. Interrogeons-nous sur la nature de cette croyance. En deçà des caricatures, ces deux histoires illustrent que psychologiquement, la manifestation l'emporte souvent sur la réalité. Dans nos consciences, se sentir aimé(e) tend à prédominer sur le fait d'être aimé(e) vraiment.

Parce que l'amour est abstrait, il faut qu'il se manifeste par ce qui est perceptible, pour en communiquer l'existence à autrui. D'où la nécessité d'apporter des preuves de ses sentiments. Même si, pour le Petit Prince d'Antoine de Saint-Exupéry, **l'essentiel est invisible pour les yeux,** il faut souvent que nos sens puissent capter ce qu'un cœur est censé voir si bien, paraît-il.

Ces manifestations tangibles ont pour fonction de répondre à un besoin légitime. Besoin d'amour ? Peut-être. Parmi les chercheurs qui se sont intéressés aux besoins des êtres humains, il y a l'incontournable **Abraham Maslow.** Vers les années 1960, dans sa fameuse pyramide, ce psychologue a identifié et hiérarchisé cinq niveaux de besoin.

C'est au quatrième niveau qu'Abraham Maslow situe le besoin de reconnaissance qu'il est si facile de confondre avec ce qu'on nomme, de manière poétique et romantique, le besoin d'amour.

Réalisation de soi
Reconnaissance
Appartenance
Protection et confort
Survie

Certes, au troisième niveau, la nécessité d'échapper à la solitude n'est pas étrangère au fait de rechercher la compagnie, l'approbation d'un groupe social. Mais le besoin d'appartenance est un peu plus grégaire que son voisin du dessus, là où il est davantage question de la **singularité de l'être.** Au troisième niveau, on est accueilli, intégré grâce à notre conformité aux normes d'un groupe. Au quatrième, il faut au contraire **se distinguer, sortir du lot pour qu'on nous remarque, qu'on nous apprécie, qu'on nous estime, qu'on nous aime.**

Dans les deux cas, il y a un processus de séduction qui entre en jeu. Le point commun de ces deux besoins est que pour les satisfaire, il y a la nécessité de plaire. Alors apparaît la notion d'adaptation sociale. Et la suit de près, celle de suradaptation. Les deux sont séparés par une frontière floue. C'est la même qui distingue les compromis, qui rendent possible la vie sociale, de la compromission, qui est un déni de soi.

Le compromis est à la compromission ce que l'humilité est à l'humiliation.

Pour autant, compromis et compromission ne sont pas les extrêmes d'une polarité. La justesse des compromis est un point d'équilibre au milieu d'un axe où l'on trouve deux caricatures :

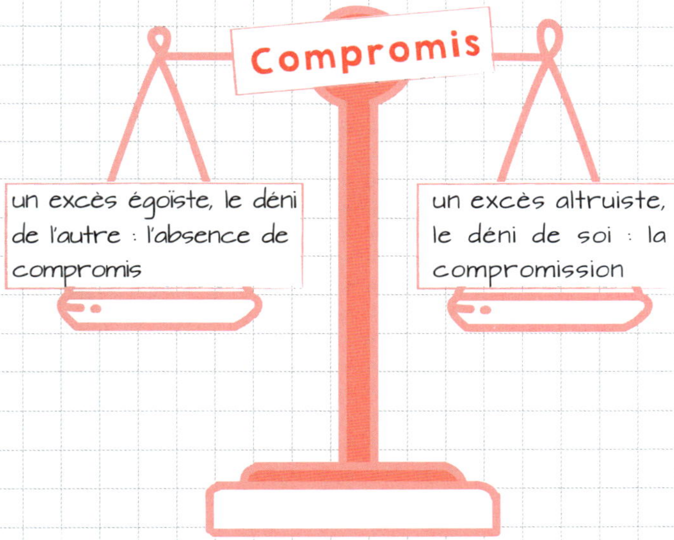

Au point d'équilibre, se situe ce que l'on nomme une relation gagnant/gagnant. Au sein de ce type de lien, chacun prend en compte ses propres besoins ainsi que ceux de l'autre. Si cette prise en compte est véritable, elle s'accompagne d'une recherche authentique de solutions plus ou moins satisfaisantes pour chacun des compromis. L'équilibre d'une relation **gagnant/gagnant** ne se situe pas forcément dans la ponctualité de chaque événement. Ainsi pour un couple dont l'un préfère la montagne et l'autre la mer, les vacances peuvent certes se dérouler en Corse où l'on partagera le temps entre les deux environnements proches géographiquement. Mais elles peuvent aussi s'équilibrer dans la durée, dans le sens où l'on ira à la mer cette année puis à la montagne l'an prochain.

Donner/Recevoir, un délicat équilibre

L'égoïste impose habituellement sa préférence à l'autre.
L'altruiste subit habituellement la préférence de l'autre.

En considérant au cours de votre vie, vos différents partenaires amoureux, identifiez votre posture dans chaque relation. Dans quelle mesure avez-vous respecté les besoins de votre partenaire et les vôtres ?

Prénoms de vos partenaires (par ordre chronologique)	O Déni de moi	*	**	***	****	***** équilibre gagnant/gagnant	****	***	**	*	O Déni de l'autre
1.											
2.											
3.											
4.											

L'ordre chronologique proposé peut vous permettre de constater si votre posture a changé au fil du temps. Il n'est pas rare que dans nos premières relations, on se contorsionne, on se plie en quatre pour plaire à l'autre.

Avec un peu plus d'expérience, on se rend parfois compte que certains « sacrifices » ne sont ni nécessaires ni souhaitables. Il arrive heureusement aussi que cette évolution ait lieu au sein d'une même relation.

La relation gagnant/gagnant se définit par un équilibre dans le donner/recevoir. Nul n'est besoin d'être fin observateur pour constater qu'au début d'une relation, l'envie de plaire nous incite à donner davantage.

Consciente ou pas, on doit bien reconnaître que cette stratégie d'investissement est plutôt payante à court terme. La désillusion n'est que pour plus tard. D'ici là, on espère qu'on aura ferré le poisson. À ce stade de lucidité, on pourrait flirter avec le cynisme.

Mais un peu d'humilité peut nous rendre acceptable le constat de nos petitesses. On peut en sortir grandi(e). Nous n'avons guère l'habitude d'orienter l'empathie vers nous-même.

Pour une plus grande maturité affective, on peut cependant sans complaisance, tenter de faire un constat objectif de notre manière d'aimer. Ce bilan affectif est un bon tremplin pour progresser en amour.

Se montrer prêt(e) à faire des concessions qu'on ne fera pas plus tard, ne montrer que le meilleur de soi, masquer ses défauts, contenir des tendances compulsives, en rajouter un peu dans ce qui peut nous valoriser... toutes ces petites duperies nous semblent plus ou moins nécessaires, surtout si nous doutons de notre pouvoir de séduction.

Ce jeu de représentation n'en est pas moins une bombe à retardement. Être aimé(e) pour ce que l'on paraît plutôt que pour ce que l'on est, pour qui on est, là est la question...

Dans sa chanson « Montre-moi », Lynda Lemay pointe cette touchante supercherie et envisage une autre solution. Consciente de la fragilité sur laquelle repose un lien fantasmé, la chanteuse formule une demande très atypique :

> J'vois qu'le côté de toi qui rit, montre-moi le côté qui pleure,
> Montre-le moi, je t'en supplie, c'est trop fragile, ce bonheur.
> J'vois qu'le côté de toi charmeur, montre-moi le côté vieilli.
> Montre-moi le côté qui meurt de s'être blasé de la vie.../...

Avec lucidité et humilité, l'auteure va plus loin encore en prenant sa part de responsabilité. Elle reconnaît ainsi ce penchant complaisant qui flirte avec l'idéalisation de l'autre et la relation fantasmée.

> J'vois qu'le côté que j'veux bien voir. Impose-moi
> l'autre s'il te plaît !
> J'voudrais, avant qu'il soit trop tard, te dire
> « je t'aime » pour de vrai.
>
> *Montre-moi*, Linda Lemay

Aimer pour de vrai... Quelle ambition ! Dans beaucoup de cultures, on reçoit des injonctions altruistes, certaines laïques, d'autres religieuses. « Aime ton prochain comme toi-même ! » par exemple.

Ce superbe objectif est pourtant empêché par de grosses lacunes sur les moyens d'y parvenir. Aimer certes, mais comment s'y prend-on pour donner d'un cœur aimant ? Certaines religions prescrivent l'aumône. Certains donnent de bon cœur, d'autres, de façon ostentatoire.

Ce qui les distingue, c'est leur niveau de maturité affective.

EST-CE PAR IMPUISSANCE,
PAR INCOMPÉTENCE QUE CERTAINS
PRÉTENDENT QU'AIMER
NE S'APPREND PAS ?
SUR LE PLAN NARCISSIQUE,
IL EST PLUS CONFORTABLE DE PRÉTENDRE
IMPOSSIBLE QUELQUE CHOSE QU'ON NE
SAIT PAS FAIRE ; ON ÉCHAPPE AINSI À
UNE COMPARAISON DÉVALORISANTE.
C'EST UNE DES NOMBREUSES MODALITÉS
D'EXPRESSION DES EGO FRAGILISÉS.
MAIS FAUT-IL UN EGO FORT ?
NOUS N'ALLONS PAS TARDER
À ÉVOQUER CETTE BELLE QUESTION.

L'amour

Aimer, ça s'apprend

Vers le processus de maturation affective

Il existe un indéniable processus de maturation affective. Certaines personnes n'entretiennent des relations que pour l'intérêt personnel qu'elles en retirent. Pour autant, donner pour recevoir ne me semble en rien condamnable. Mais il existe heureusement d'autres manières d'être en relation. Certain(e)s parmi nous connaissent la joie véritable qu'on éprouve en procurant à autrui du bien-être. Certes, on peut en attendre de la gratitude ou pas ; c'est une autre variante de maturité affective.

L'ingratitude est un excellent révélateur de la façon dont notre ego s'immisce dans les liens sociaux que nous tissons. Qu'il soit ou non au quatrième étage de la pyramide de Maslow, **un besoin ne se fait jamais aussi bien sentir que lorsqu'il n'est pas satisfait.** La frustration qu'engendre l'ingratitude en dit autant sur l'égocentrisme de l'ingrat que sur l'intention égocentrique de la personne qui a donné.

Donner pour donner, tout donner, ce n'est pas
la seule façon de vivre
mais peut-être la seule façon d'aimer.
cf Donner pour donner, France Gall

Les définitions de l'amour et d'aimer sont très controversées. Avec beaucoup d'arbitraire, en voici une dont je me sens proche ; celle d'une philosophe canadienne, Sophie Riel :

Au sens large, l'amour est un sentiment, donc un élan, une attirance qu'on éprouve pour quelque chose ou quelqu'un. On peut aimer les pancakes au sirop d'érable, on peut aimer le ski de fond ou une bonne idée. Arbitrairement, je préfère réserver le mot amour pour parler d'un sentiment qu'on ressent pour un être vivant. Je pense qu'on peut éprouver de l'amour pour un animal. Si je prends au pied de la lettre ma définition, on peut aimer tout et n'importe quoi, même quelque chose d'abstrait comme un fantasme, un héros de fiction, une idéologie, un dieu, la vie... Dans l'absolu, on peut même aimer quelque chose qui n'existe pas. Mais il se trouve que ce qui m'intéresse le plus, c'est l'amour qu'un être humain peut porter à un autre être humain. Pour moi, l'amour ne correspond pas tellement à ce que la plupart des gens en disent. Je me reconnais rarement dans leurs définitions. Je pense que les gens galvaudent l'usage de ce noble mot. Oui, il y a de la noblesse dans ce sentiment. Pas la noblesse de lignée, héritée d'un passé archaïque et aristocratique. Une noblesse d'âme accessible à tous sans distinction sociale, culturelle, sexuelle ou raciale. Tout ce qui n'a pas cette noblesse n'est pas le fruit de l'amour tel que je le conçois. La jalousie, le besoin de preuves, les reproches amers, l'appropriation de l'autre, la peur de le perdre, le douloureux manque lié à son absence… tout ça n'a pas grand-chose à voir avec ce que j'appelle l'amour. L'amour est un sentiment qu'on porte à quelqu'un. Ce quelqu'un peut être un autre que soi ; il peut aussi être soi-même. Éprouver ce sentiment à l'égard de quelqu'un signifie qu'on trouve épanouissante l'idée qu'il s'épanouisse. **L'amour est une force qui engendre un regard, une intention ou un acte qu'on pose avec une bienveillance, au profit de quelqu'un.** Il y a dans ce qu'on a coutume d'appeler l'amour, des scories qui le parasitent. Par amalgame, les gens pensent que ce sont les fruits amers de l'amour. Comme il y aurait des fruits doux et sucrés, il y aurait aussi des fruits non comestibles ou indigestes. Je suis en profond désaccord avec cette idée. Ces fruits-là n'ont pas poussé sur le même arbre. Je pense que l'amour cohabite presque toujours avec autre chose. Et je crois qu'il est important d'essayer de définir cet « autre chose ». Apparemment indissociables parce que empiriquement et statistiquement rarement dissociés, ces deux visages de l'amour nous forcent à considérer qu'ils ne font qu'un. C'est une grave erreur, je pense. Pour définir l'amour, je me sens obligée de définir aussi ce qu'il n'est pas et ce avec quoi, je crois, nous le confondons si souvent. En tant que sentiment, l'amour est un lien. Il permet donc un échange ou, du moins, un transfert. Donner et recevoir sont deux polarités de l'amour. Je crois que ce qui distingue le mieux l'amour de son faux jumeau, c'est que l'envie de donner prévaut le besoin de recevoir. Je rejoins Daniel Balavoine quand il chantait sa chanson « Sauver l'amour » et qu'il scandait cette question si essentielle : « Qu'est-ce qui pourra remplacer le besoin par l'envie ? » J'veux qu'on m'aime ! Ce cri du cœur que nous poussons tous en silence, il est temps qu'il retentisse clairement et que l'humanité assume cette réalité que nous refoulons de façon puérile pour ne pas paraître puériles. Quel paradoxe ! Nous avons tous besoin d'être aimés. Ça ne fait pas de nous des enfants, mais ça nous empêche d'être adultes. Et plus ce besoin d'être aimés par les autres est fort, moins nous sommes aptes à aimer vraiment quelqu'un. Ce besoin nous condamne à ne donner que pour recevoir. Et pourquoi pas ? Pourquoi pas… Mais les pseudo-amours qui résultent de ce commerce affectif engendrent une alternance de plaisirs et de frustrations. Et là, les problèmes commencent… Mais à mon sens, ce n'est pas l'amour qui les engendre.

Te dire « Je t'aime » pour de vrai, voici ce à quoi aspire Linda Lemay citée précédemment. Aimer « pour de vrai » contraste avec cette propension que nous connaissons bien qui consiste à aimer être aimé(e).

Mesurer avec lucidité cet écart entre *aimer et aimer être aimé(e)* est la première étape de cet apprentissage de l'amour auquel je vous convie.

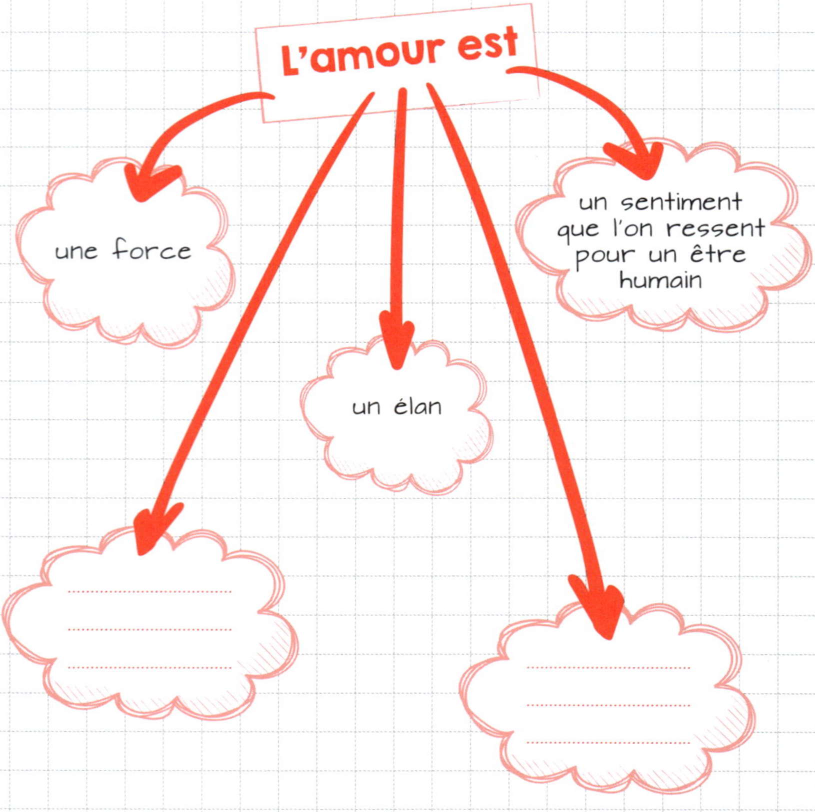

Prendre conscience de la façon égotique dont je tisse des liens avec autrui

Cette étape de conscience est contrariée, retardée ou impossible pour différentes raisons. L'une d'elles concerne ce qu'on appelle « le moi idéalisé ». C'est une représentation de ce qu'on estime qu'on devrait être.

Sur le principe, cela pourrait nous tirer vers le haut, or c'est souvent l'inverse qui se produit. Le plus souvent, c'est une croyance rigide qui nous rend intolérant envers nous-même.

Pour échapper à ce jugement sévère et injuste, notre inconscient est capable de remodeler le réel pour en faire une croyance plus conforme au diktat du *moi idéalisé*.

Ce mécanisme de défense est instable et fait alterner surestime et mésestime, nous éloignant toujours d'une juste connaissance de soi.

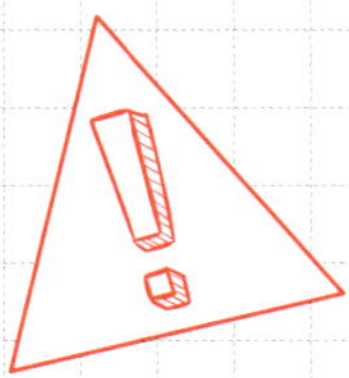

Quels sont les reproches que vous vous adressez ? En quoi êtes-vous souvent insatisfait(e) de vous-même ? Ce sont des indicateurs de la tyrannie de votre moi idéalisé.

Pouvez-vous envisager de mettre la barre moins haut ou bien de conserver votre ambition tout en vous donnant le temps d'y parvenir ? Mesurez vos progrès plutôt que ce qui vous sépare du but !

Comment aimer quelqu'un qu'on ne connaît pas ? Une grande ignorance de l'autre n'empêche pourtant pas une attraction. Une apparence, une intuition, quelques fragments de séduction… et la magie peut opérer rapidement. On peut voir le coup de foudre de façon romantique. En neurosciences, on l'aborde de façon hormonale, chimique, génétique. En psychologie, il y a bien d'autres manières de le considérer. C'est souvent le fruit d'une projection fantasmée. De même que s'est précocement immiscé en chacun de nous un « moi idéalisé », notre formatage amoureux a dessiné aussi un « toi idéalisé ». Quand une personne ressemble vaguement à ce fantasme, **l'attraction est immédiate. Si elle est réciproque, l'aimant attire les amants, mais les amants ne deviendront pas forcément aimants.**

L'aveuglement « amoureux » a pour mission de faire fusionner le rêve et la réalité. Cette magie fusionnelle a lieu dans les premiers temps d'une relation amoureuse. C'est très enthousiasmant, très excitant. Ce n'est pas l'amour qui rend aveugle mais la projection fantasmatique, intolérante à une réalité qui nous contrarierait si on la regardait en face. **À y regarder de plus près, souvent le pied ne rentre pas bien dans la pantoufle de vair. Pour peu que la pantoufle soit comme l'a dessinée Walt Disney, alors le verre peut se briser et le pied se blesser.**

La modernité semble plus propice à « pécho » qu'à faire la cour. Dans les deux cas, la cour rend aveugle. Avec le temps, parfois, l'amour rend la vue. Mais pour peu que la cécité soit réciproque, on se donne maladroitement des coups de canne blanche.

AIMER QUELQU'UN,
CE N'EST PAS
AIMER UNE IMAGE.
AIMER L'IDÉE
QU'ON SE FAIT DE
L'AUTRE,
AIMER CE QU'ON
AIMERAIT QU'IL
(ELLE) SOIT. VOILÀ
UNE MANIÈRE
PEU PROPICE À
AIMER UNE VRAIE
PERSONNE.

C'est au mieux une phase illusoire dont on doit sortir pour entrer en lien, dans la rencontre véritable avec un univers à découvrir, quelqu'un qu'on aimera peut-être un jour. Quoi qu'il en soit, ce quelqu'un n'est pas celle ou celui sur qui on a fantasmé. Plus tôt on acceptera cette réalité, plus l'amour a de chances d'advenir.

Cette première étape de conscience peut ne pas avoir lieu parce qu'elle est peu ou pas digeste. En plus de nous éloigner de notre moi idéalisé, elle contrarie souvent des valeurs morales et ne laisse *a priori* guère de place au romantisme.

La seconde étape consiste à accueillir cette conscience, ce qui signifie accepter ce **constat.**

Accepter sereinement cette étape de maturation affective

On ne fait pas pousser les salades en tirant dessus. On ne grandit pas plus vite en refusant la relativité de notre petitesse. Parmi les obstacles à l'acceptation, il y a les conséquences psychologiques du constat. Souvent hélas, elles se traduisent par une autodévalorisation et une culpabilisation. Ces jugements sévères doivent être mis en cause. Pour accepter vraiment ce qui nous dérange, on doit faire preuve d'empathie envers soi-même. En tension, obnubilés vers le but, les plus idéalistes ont bien du mal à prendre plaisir à cheminer.

L'impatience est une intolérance rythmique. À peine parti, on aimerait déjà être arrivé(e). Mais les bottes de sept lieues, ça n'existe que dans les contes de fées.

Les contes de fées sont de précieuses histoires qu'il faut apprendre à déchiffrer. Ils recèlent cependant une grande capacité de nuisance sur nos représentations de l'amour.

À chacun sa dope, à chacun sa dépendance
C'est assez stupéfiant ce que l'amour promet
Les fruits de la passion dans la corne d'abondance
Sont sucrés puis amers entre toujours et jamais.
Avec des contes de fées en intravénéneuse
Goutte à goutte, le Prince est un peu moins charmant
Coûte que coûte, la fable n'en est pas moins ruineuse
Qu'est-ce qu'elle a donc gagné la Belle au moi dormant ?

La belle au moi dormant, Hervé Magnin
(texte complet de la chanson page 98)

Qu'est-ce qui fait dormir le moi de la Belle, du Beau ? Avec plus de rigueur, les orientalistes parleraient davantage de « Belle au Soi dormant ». En effet, les moi du Beau et de la Belle ne dorment pas ; ils sont même très éveillés, aux aguets et soucieux de se sentir reconnus dans leur beauté, et aimés pour cela. La prédominance du moi égotique ne permet guère l'émergence de l'amour. **La transcendance de l'ego est nécessaire pour voir apparaître un Soi aimant.** Mais attention, transcender n'est pas refouler !

Les moi quémandeurs s'assument parfois. Mendiants de l'amour, ceux-là **demandent, revendiquent, réclament une part d'« amour »** dont la légitimité ne peut être mise en cause. Ce prétendu dû impose ainsi un devoir à l'autre. Cet autre mérite-t-il le vocable de « l'être aimé » alors qu'il a pour fonction d'accomplir un devoir : donner de l'« amour » ? Or l'être aimé est défini par ce qu'il reçoit, pas par ce qu'il est tenu de donner.

Les moi non quémandeurs quant à eux sont parfois attentistes ; **ils ne demandent rien mais espèrent beaucoup.** Il n'est pas rare qu'ils attendent davantage car leur stratégie (occulte pour l'autre et parfois pour soi) est souvent moins efficace. L'autre est censé deviner les besoins d'affection de son (sa) partenaire. Plus encore, il est tenu de connaître les modalités particulières pour satisfaire ces besoins. Certains ont besoin de gestes particuliers, d'autres de paroles singulières, exprimées à une fréquence donnée, etc.

Êtes-vous plutôt dans la demande explicite ou bien dans l'attente silencieuse ? Et qu'en est-il de votre partenaire ? Que diriez-vous d'en parler avec lui/elle ? Vous pourriez par exemple ensemble (ou séparément) considérer les avantages et les inconvénients de chacune de ces deux manières d'espérer recevoir des marques d'affection.

Demande explicite

Avantages	Inconvénients

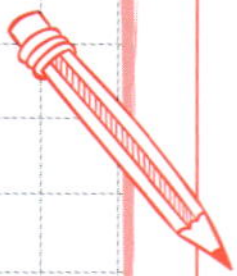

Attente silencieuse

Avantages	Inconvénients

Avec parfois beaucoup de bonne volonté, par projection, nous pensons que nos modalités de reconnaissance sont les mêmes que celles de notre partenaire. C'est rarement le cas. Un adage semble pourtant conforter cette croyance erronée : **ne pas faire aux autres ce qu'on n'aimerait pas qu'ils nous fassent.** Et son corollaire : faire à quelqu'un ce qu'on aimerait qu'il nous fasse.

Fabien adore qu'on lui masse les pieds.
Avec tendresse, il masse les pieds de Leila
qui n'ose pas lui dire que ça lui est désagréable.

Dans nos préférences, il y a évidemment des points communs, mais il y a fatalement de nombreuses différences qu'on ne peut connaître que grâce à une communication libre et sans tabou. Seule une grande **curiosité de l'autre** peut permettre de découvrir ce que de **son jardin secret** il (elle) souhaite nous dévoiler. Un sens aigu de l'observation est utile mais rarement suffisant. La parole explicite est un complément indispensable pour que la rencontre gagne en profondeur, en authenticité. Que de malentendus nous pourrions éviter en osant poser des questions, en repoussant les limites d'un bastion culturel trop joliment nommé « pudeur » ! Dans ce domaine, les introverti(e)s ont certes plus de pain sur la planche pour apprendre à aimer.

Ne pas prendre le risque de contrarier l'autre est un mauvais calcul, même à court terme. Au long cours, c'est une bombe à retardement. Les insatisfactions non exprimées s'accumulent et se transforment en un amas diffus de frustrations qui finissent par peser sur la relation. Quand la coupe est pleine, c'est avec une grosse charge émotionnelle que le ras-le-bol prend la forme d'une plainte amère, voire d'une grosse dispute.

Alors prévenir ou guérir ? À l'instar d'une personne, une relation interpersonnelle possède un capital santé. Prenons-en soin, faute de quoi il s'appauvrit !

Que savez-vous des personnes que vous aimez ? Mettez à l'épreuve vos suppositions ou vos certitudes !

Que pensez-vous que votre ami(e), amoureux(se) aime, n'aime pas ? Activités, cadeaux, certes. Mais n'hésitez pas à considérer d'autres affinités : sujets de conversation, attentions, compliments, caresses, valeurs, rêves de gosse, etc.

Ce que je crois connaître de lui (d'elle)	Ce qu'il (elle) en dit

Êtes-vous prêt(e) à montrer cette liste à votre partenaire et ainsi confronter ce que vous pensez connaître avec ce qu'il (elle) en pense vraiment ? C'est une occasion de valider (ou pas) vos croyances sur l'autre. Mais plus finement, il s'agira de nuancer des perceptions, bref d'approfondir le lien.

Pourquoi s'en tenir à une démarche unilatérale ? Si ce « jeu » vous a plu, intéressé(e), enrichi(e), inversez les rôles en permettant à votre partenaire de mieux vous connaître aussi.

Ce que tu crois connaître de moi	Ce que j'en dis

Pourquoi s'en tenir à une démarche ponctuelle ? Si ce « jeu » vous a plu, intéressé(e), enrichi(e), s'il a accru votre complicité, actualisez-le en le reproduisant de temps en temps.

Pour bien comprendre la logique des étapes qui suivent la prise de conscience puis l'acceptation des limites actuelles de votre façon d'aborder l'amour, voici décrit un mécanisme de la plus haute importance : **la compensation.**

Aimer et/ou compenser ?

Ce mécanisme psychosocial s'élabore hors du champ du conscient. C'est pourquoi il est difficile, pour soi-même, d'identifier clairement les liens de cause à effet entre le blocage et la quête compensatoire.
Ce qui les relie est pourtant d'une grande simplicité et d'une logique implacable. Je ne prendrai qu'un seul exemple pour illustrer le processus :

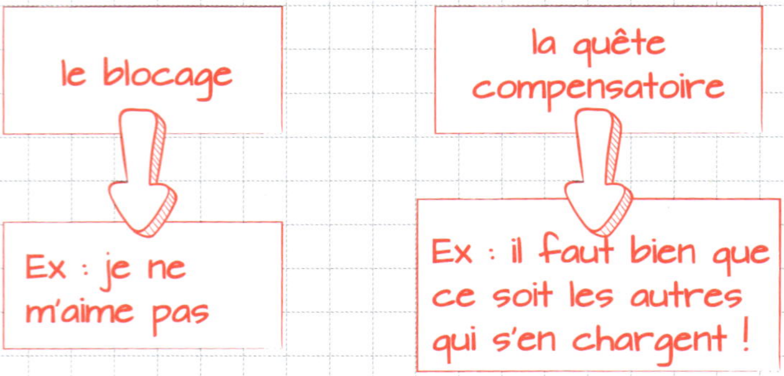

Comment évoquer l'amour sans parler d'estime de soi ?
Certes, estimer et aimer ne sont pas tout à fait synonymes, mais ils n'en sont pas moins très liés. Je suis curieux de savoir comment on peut aimer quelqu'un sans en estimer les qualités, la valeur.

Je vous propose de faire une liste des qualités que vous appréciez chez une personne que vous aimez beaucoup.

- ....
- ....
- ....
- ....
- ....
- ....
- ....
- ....
- ....
- ....
- ....
- ....
- ....
- ....
- ....
- ....
- ....
- ....
- ....
- ....
- ....
- ....
- ....
- ....
- ....
- ....
- ....
- ....
- ....
- ....

Imaginez maintenant que pour une raison quelconque, cette personne perde une partie ou la totalité de ces précieuses qualités. Imaginez aussi que les qualités que vous lui reconnaissiez se révèlent une illusion que la personne a entretenue de façon manipulatrice. Pas très cool, ces projections, certes. Mais si vous acceptez de jouer le jeu, alors vous constaterez que l'amour que vous éprouvez envers une personne est intimement lié au jugement que vous portez sur elle. Par conséquent, si cette opinion évolue dans le temps, le sentiment peut évoluer positivement ou négativement.

De nos jours, le jugement de valeur n'a pas bonne presse. Souvent, on s'interdit de critiquer autrui. Cette croyance est au mieux pas très lucide, et parfois, plus ou moins hypocrite. Le paradoxe du jugement sur le jugement remonte à loin. Déjà dans les évangiles de Luc et Matthieu, on trouve des propos tels que : « Ne jugez point et vous ne serez point jugés. »

Le fait est que nous détestons être jugés. Le fait est ?! Regardons de plus près. **Dans le mécanisme de compensation, nous espérons fébrilement le jugement positif des autres.** Avouons-le, nous adorons ça ! Ce que nous redoutons, ce que nous détestons, c'est leur jugement négatif sur nous.

Depuis quelques années, l'estime de soi est devenue un sujet à la mode. Ce qui est souvent pointé du doigt, c'est le manque d'estime de soi. Ce diagnostic quantitatif et approximatif mérite d'être considéré plus finement.

1. le blocage :
avoir une estime positive de soi par soi

↓

2. la quête compensatoire :
obtenir une estime positive de soi par les autres

L'estime de soi n'est donc pas en tant que telle, l'objet d'un blocage. L'estime positive de soi par les autres n'est bloquée que lorsqu'on refoule la quête compensatrice.

Attention donc à ne pas confondre le blocage initial (l'estime positive de soi par soi) avec le blocage tardif et amer (le refoulement de l'estime positive de soi par les autres) ! Le premier est la cause de la compensation, alors que le second en est une conséquence possible.

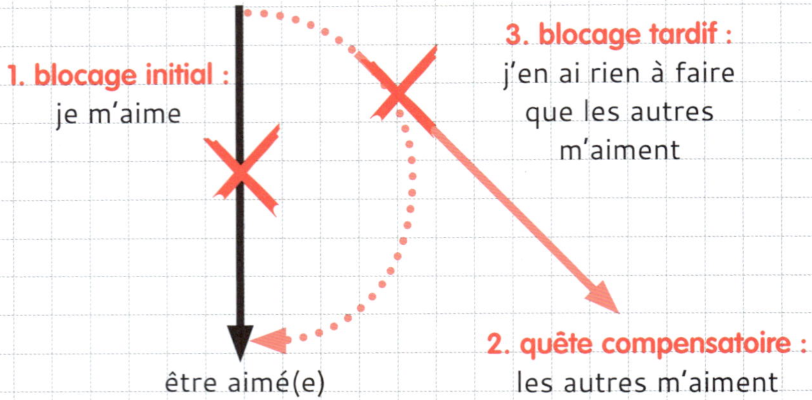

Il y a refoulement de la quête compensatoire quand le besoin d'être aimé(e) est socialement contrarié par une mauvaise « stratégie » de séduction. Les déceptions affectives, qu'elles soient violentes ou répétées, peuvent à la longue engendrer un rejet provisoire ou définitif de l'espoir d'être aimé(e).

Quand il a lieu, ce renoncement se fait toujours dans l'amertume. Il n'en est pas moins un mécanisme de défense dans lequel, à court terme, on peut trouver plus de confort psychosocial que dans une quête active douloureuse, frustrante et parfois épuisante.

Dans ce refoulement, la frustration ne cesse pas vraiment. Elle est étouffée, assourdie et fait souvent l'objet d'un déni (partiel ou total). Pour bien comprendre à quoi veut échapper quelqu'un qui est dans le refoulement, considérons les caractéristiques de la quête compensatoire.

Tout mécanisme de compensation se caractérise d'abord par une impulsion spontanée. Difficiles à contrôler, certaines sont si fortes qu'elles peuvent être ni freinées ni canalisées. Ce qui dans le cadre relationnel peut se traduire concrètement par une attitude envahissante, donc potentiellement asociale.

En général, **les enfants expriment facilement leurs attentes affectives.** Pas tous, certes, car il y en a qui tirent déjà des leçons de leurs élans et de leurs précoces déboires sentimentaux (familiaux, amicaux ou amoureux).

Avec l'expérience, nous apprenons plus ou moins bien à **canaliser nos impulsions ;** elles sont alors freinées et remplacées par une hésitation anxieuse et une stratégie plus ou moins consciente.

La peur de l'échec est une forte préoccupation. Concrètement, un « échec » dans la quête compensatoire se traduit par : une absence de compliment, une mauvaise note à l'école, un reproche, une défaite sportive, une comparaison désavantageuse, un refus, un manque d'attention, etc.

L'appréhension de ces événements accompagne une survalorisation de ce qui est l'objet d'un désir intense, entêtant, voire obsédant. L'impatience, le trac sont liés à une forte attente de résultat.

L'échec est douloureux et redouté. Mais le pire est peut-être le paradoxe de l'insatisfaction relative malgré de bons résultats. Le moteur spontané de la pulsion compensatrice réclame toujours plus de la même chose. Ce n'est jamais assez. Ce mécanisme obsédant nous rend plus ou moins capricieux et susceptibles.

POUR OBTENIR CE QU'ON VEUT, IL N'EST PAS RARE QUE L'ON TENTE D'OBTENIR INDIRECTEMENT CE QUE L'ON NE PEUT PAS OBTENIR EN TOUTE TRANSPARENCE. LA MANIPULATION EST PARFOIS UNE ARME DE SÉDUCTION PASSIVE. QUAND LA PORTE EST FERMÉE, ON PASSE PAR LA FENÊTRE.

Mind Mapping

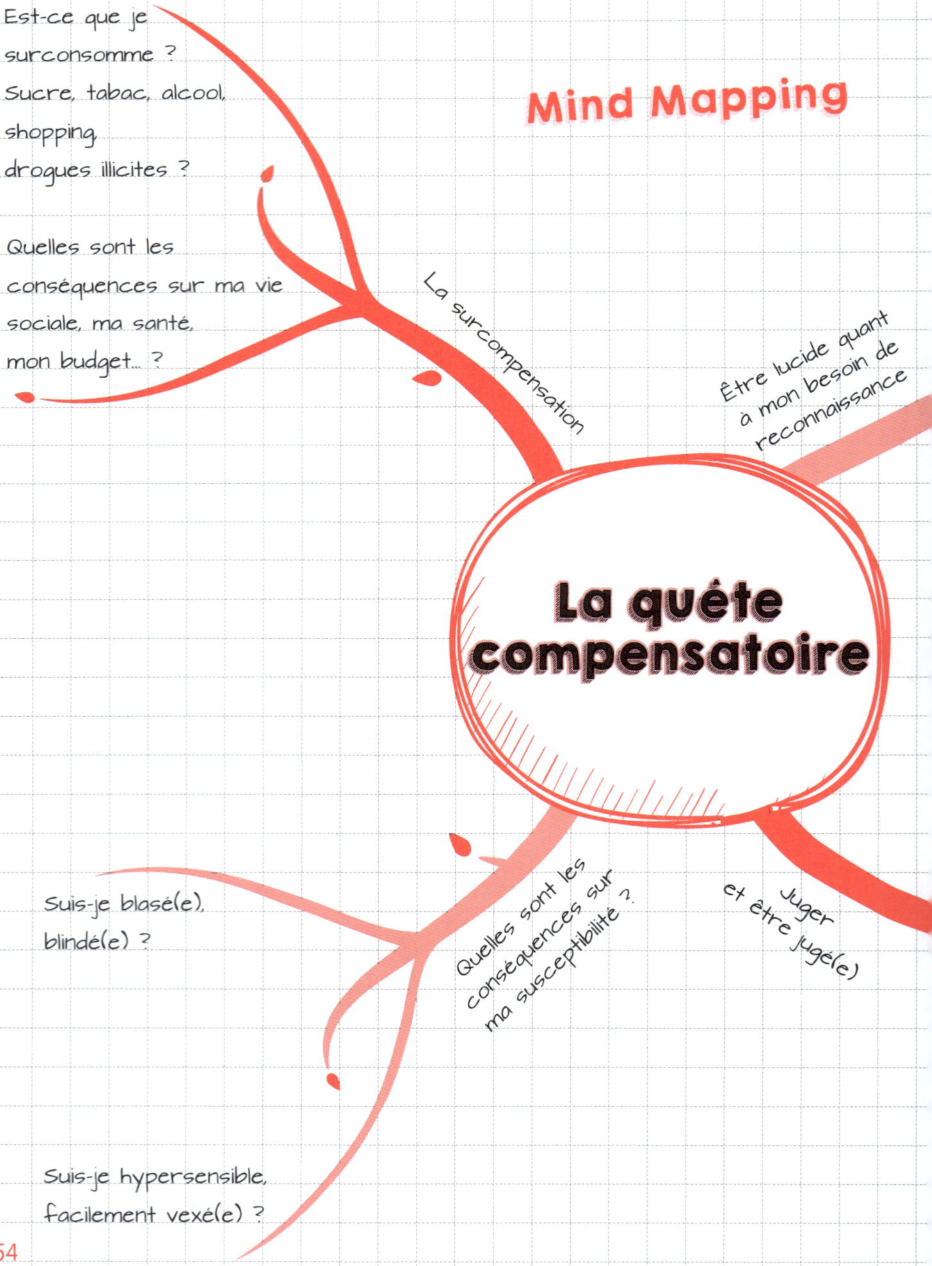

Je me sens mal aimé(e), bien aimé(e), pas aimé(e) ?

L'estime, le jugement des autres suscitent-ils en moi espoir fébrile, excitation, compulsion, intrusion, peur de l'échec, trac, obsession, impatience, insatisfaction chronique, possessivité, jalousie ?

Comment je m'y prends pour satisfaire le besoin de reconnaissance des autres ?

J'affine mes jugements sur autrui et j'adopte une communication empathique.

Vous l'avez compris, **le comportement compensatoire induit une tension relationnelle, une pression sur autrui,** sur une cible que l'on instrumentalise. Le tableau peut sembler déplaisant, mais on peut malgré tout trouver des satisfactions et un équilibre relatif, s'il y a « emboîtement » des compensations, c'est-à-dire une réciprocité dans l'attraction.

On peut évidemment jeter son dévolu sur quelqu'un qui l'a jeté sur soi. Dans ce qu'on a coutume d'appeler l'état amoureux, l'enthousiasme, l'excitation, l'exaltation sont très présents dans les premiers temps de la relation.

Bien qu'intrinsèquement instable, ce type de relation basé sur une mutuelle grande dépendance affective peut s'installer dans le temps. Mais il y aura chroniquement des heurts, des tensions, des frustrations, des reproches.

La possessivité, la jalousie viendront rapidement perturber la précoce et fragile idylle. Pourtant, certains vieux couples s'accoutument de ces innombrables chamailleries. Pourquoi pas ?...

En caricaturant le tableau des mécanismes de compensation, on décrit une dérive pathologique qu'on appelle **« la dépendance affective ».**

Étrange dénomination car l'espèce humaine étant foncièrement grégaire, nous sommes tous intrinsèquement affectivement dépendants.

Ce qu'il nous incombe, c'est de doser, d'équilibrer nos légitimes besoins affectifs dans de sains rapports d'interdépendance.

Parmi les caricatures du mal-aimer figure un archétype que je vous laisse découvrir de façon ludique. Les phrases mystères ci-dessous le décrivent.

Un _[1] _[2] _[3] _[4] _[5] _[6] _[7] _[8] _[9] _[2] _[11] _[12] _[13] _[14] en deux _[15] _[16] _[17] _[18] _[19] :

Il _[20] _[12] _[22] _[23] _[24] son _[25] _[26] _[27] _[28] _[29] _[5] sur une _[31] _[32] _[33] _[34] _[26] _[36] _[37] _[38] _[39] _[40] de _[4] _[42] _[23] _[44] _[45] la _[31] _[32] _[33] _[34] _[26], une fois _[25] _[52] _[53] _[54] _[55] _[56] _[16] _[58].

La _[59] _[60] _[61] _[62] _[63] _[64] _[65] _[66] _[67] _[54] _[69] _[71] _[72] _[73] _[74] _[75] _[76] _[77] _[78] l'à _[79] _[80] _[81] _[82]. La _[94] _[95] _[96] _[97] _[98] _[99] _[100] _[101] _[67] _[54] _[69] _[71] la _[102] _[103] _[104] _[105] _[76] _[36] _[37] _[38] _[39] _[40] qu'_[83] _[84] _[85] _[86] ne se _[87] _[88] _[89] _[90] _[91] _[92] _[93] _[86].

Chacun des chiffres correspond à une lettre de la grille de mots croisés page suivante :

Horizontalement :

1 Dans la main, il nous ramollit. Les cerfs hors des bois. Plus authentique que paraître **2** CIA, KGB et Cie. Rabaissée. Berné **3** Avenir de l'homme ? Sa sœur est très recherchée. Monnaie arménienne **4** Pas généreux. Sujet à une priorité d'achat **5** Préjugé. Rebelle **6** Un sous mi. Attacherai. Vertèbre cervicale. Sujet à de fortes fièvres **7** Collectionneur pathétique. Fais l'autruche. Fit la peau mate **8** Athlète britannique. Toujours plus ultra. Plus cool de ne pas les avoir **9** Ce qu'on fait avec son dévolu. C'est gonflant. Pour un ouït, pour un... **10** Pensée. Cale. Magazine pour elle **11** Buvons-en un à votre santé ! Fa bémol. Indien **12** Rehausse. Proue.

Verticalement :

A Donna avec assurance. Danse latine **B** Ne manque pas d'audace. S'y prend **C** Révèle peu la beauté intérieure. Remarquera encore **D** Après avril vient le mois doux. Larguer **E** Jetable à souhait. Existes **F** Cale. Chant italien **G** Gonadiques **H** Coule ou coupe **I** César y eut la Gaule. Trophée **J** Sans plume ou à poil. Sans poil, avec plumes. Veut téléphoner **K** Prenez le vôtre pour trouver la solution ! Division administrative **L** Pour réfléchir. Ville de la Loire **M** Pas première **N** Pas deuxième. Fait la peau mate **O** Ils vous aiment. Ne colle plus aux basques **P** Prenez le vôtre pour trouver le 1er K vertical ! Couteau pas aiguisé **Q** Petit filet. Prix du silence. Troisième larron **R** Recroqueville.

Solutions p 96

	A	B	C	D	E	F	G	H	I	J	K	L	M	N	O	P	Q	R
1	79	80	81	82	■			67			15		■	■				
2	■			■	25	52	53	54	55	56	16	58	■	59	■			■
3	31	32	33	34	26	■		69		■	17	■	94	60			■	87
4		■	■		27			71		■	18		95	61				88
5		8			28			■			19		96	62			■	89
6	■	9		■	29						■		97	63		■		90
7	1	2	3	4	5	6	7	■	■				98	64	■	■		91
8	■	11		42	■	■			102	■	■		99	65			■	92
9	20	12	22	23	24	■		■	103				100	66	■			93
10		13		44	■	■			104			■	101	■	83	84	85	86
11		14		45		■	■	■	105	■			■				■	■
12		■		■	72	73	74	75	76	77	78	■	36	37	38	39	40	■

Le mal aimer, le bien aimer

Le *mal aimer* induit fatalement d'être mal aimé(e). Dans sa chanson pareillement intitulée et plus ou moins autobiographique, Claude François effleure sa propre responsabilité dans sa frustration.

Les gens me connaissent tel que je veux me montrer
Mais ont-ils cherché à savoir d'où me viennent mes joies ?
Et pourquoi ce désespoir caché au fond de moi ?

Les gens vous connaissent-ils tel(le) que vous voulez vous montrer ? Si oui, ce personnage public qui vous représente, est-ce lui qu'on aime ou bien qui vous êtes vraiment ? Mais *ont-ils cherché à savoir d'où vous viennent vos joies et pourquoi ce désespoir caché au fond de vous ?* Les plus audacieux, les plus motivés peuvent bien chercher à savoir qui vous êtes, mais êtes-vous prêt(e) à le découvrir et à le partager ?

Qui pourrait me dire qui je suis ?
Et j'ai bien peur toute ma vie d'être incompris
Car aujourd'hui : je me sens mal aimé
Le mal aimé, Claude François

S'enfermer dans un personnage, aussi séduisant soit-il, se cacher derrière un masque social ne permet au mieux que les autres aiment ce personnage, mais pas soi. « *Connais-toi toi-même et tu connaîtras l'Univers et les Dieux !* » Cette maxime socratique est une des clés de l'amour. Qui est ce « je » à aimer ? Sans introspection identitaire, on ne peut découvrir qui est l'être en question et s'il est aimable.

Ce que je sais de moi et qui me rend aimable :

Parodions Socrate ! :

« Aime-toi toi-même
et tu aimeras l'Univers et les Dieux ! »

C'est la quatrième étape du parcours suggéré dans ce cahier poche. Mais dans sa chronologie, il y a une étape qui la précède. Après avoir conscientisé et accepté ma quête compensatoire, j'apprends à gérer au mieux ma dépendance affective.

Gérer au mieux ma dépendance affective

En voulant copier superficiellement le modèle altruiste, la plupart des dogmes proposent implicitement de **refouler le besoin de reconnaissance. C'est une aberration psychologique et sociale.** En singeant la générosité, on cultive la frustration et on refoule l'espoir de retour sur investissement. Refouler un besoin est une bombe à retardement. Et c'est aussi le meilleur moyen d'ajouter une couche supplémentaire au problème. Quand la compensation affective et sociale est inefficace, elle engendre une compensation de compensation. Cette surcompensation se traduit par une quête de plaisir consommatoire (alimentaire, tabagique, alcoolique ou autre).

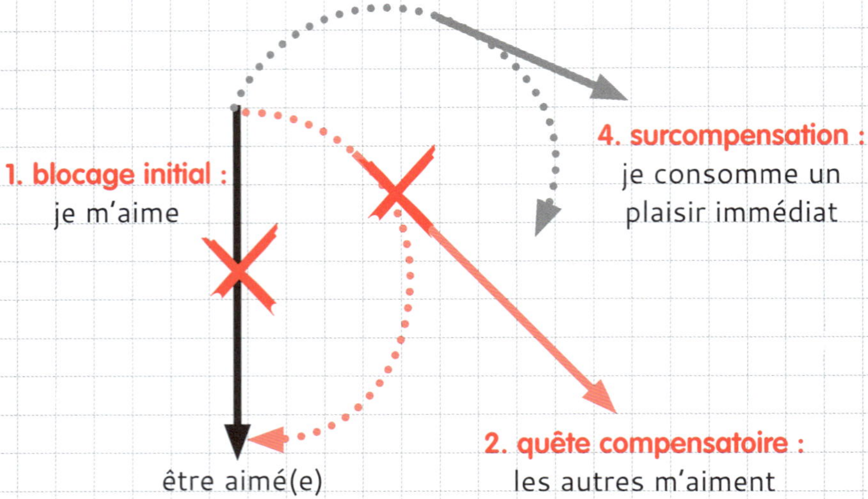

Gare à la surcompensation !

La **frustration** se transforme en une quête qui n'est plus psychosociale mais alimentaire. Un plaisir immédiat doit compenser l'absence de nourriture affective. Entre la petite barre de chocolat et la grosse crise de boulimie, il n'y a que la quantité qui change. Pour une petite frustration, une simple cigarette peut faire l'affaire. Pour une mauvaise journée de disputes, on va peut-être faire chauffer la carte de crédit et succomber aux achats compulsifs. Acheter des vêtements qu'on ne mettra pas, craquer au téléachat ou sur une vente privée sur Internet pour des objets inutiles... les pulsions boulimiques ne sont pas qu'alimentaires. Les drogues légales (alcool, tabac, psychotropes...) ou illégales (cannabis, ecstasy, cocaïne...) jouent ce même rôle de compensation en procurant un plaisir immédiat qui contrebalance maladroitement l'absence de satisfaction psychoaffective. La surcompensation a les mêmes caractéristiques que la compensation : désir intense et compulsif ; satisfaction ponctuelle et insatisfaction chronique ; toujours plus de la même chose… auxquelles il faut ajouter les potentiels effets secondaires des produits consommés : surpoids, maladies, endettement, addiction, délinquance… Nos sociétés de surconsommation favorisent l'accès à ces produits. Quant à ceux parmi nous dont le pouvoir d'achat est insuffisant pour se les procurer, ils n'ont guère que deux options symptomatiques : la dépression et/ou la violence.

Les nombreux inconvénients individuels et collectifs de la surcompensation justifient à eux seuls l'intérêt d'envisager une plus grande efficacité de la compensation psychosociale et affective.

Pour s'émanciper de la pulsion compensatoire, il faudrait fondamentalement supprimer la cause de la compensation. Or, cette étape me semble pédagogiquement prématurée pour beaucoup d'entre nous. Vous en jugerez vous-même. Pour « travailler » sereinement sur cette quatrième étape, il faut dans la troisième, enlever de la pression sur la quête compensatoire. **Il y a deux moyens de calmer superficiellement la boulimie affective :**

- 1. la rendre efficace
- 2. la rendre éthique et sociable, en l'alignant sur nos valeurs

D'une culture à une autre, il y a bien des manières de parler de la quête compensatoire affective. Certains parlent de la prégnance de l'ego. Un autre terme revient souvent aussi : l'orgueil. Notons qu'il est l'un des sept péchés capitaux de la religion catholique. Il faut remonter loin dans le temps pour nuancer la vision simpliste qu'on en a souvent. Au XVIe siècle, on appelait orgueil un billot qu'on met devant un objet lourd pour faire levier et ainsi le déplacer plus facilement. Le bon sens paysan introduit cette idée de placer son orgueil au bon endroit.

Ainsi avoir l'orgueil mal placé peut indiquer qu'il est préférable de le déplacer plutôt que de le faire disparaître. Refouler l'orgueil n'a d'autre effet que de rendre la quête orgueilleuse plus obsessionnelle. À l'instar du naturel, quand on chasse l'orgueil, il revient au galop.

Avoir l'orgueil bien placé

Mieux placer son orgueil signifie de choisir en pleine conscience au service de quoi on va tenter d'obtenir de la reconnaissance. Ce qui sous-tend d'assumer d'avoir deux raisons de faire ce qu'on fait :

- 1. La cause sociale plus ou moins vertueuse
- 2. La cause égotique assumée

L'alignement sur les valeurs permet d'être fier de soi. Le retour valorisant de soi par les autres nourrit le besoin narcissique.

Il y a bien des manières d'obtenir de la reconnaissance, de l'estime. La gentillesse, la compétence, la supériorité, le pouvoir, l'originalité, le savoir, etc. Magali a « choisi » l'humour. Elle aime faire rire ses amis en racontant des histoires drôles.

Les rires manifestent implicitement qu'on apprécie, qu'on valorise celle, celui qui fait preuve d'esprit. Le fait d'exprimer explicitement la reconnaissance positive varie beaucoup selon les cultures. Le plus souvent, faute de compliment, on doit se contenter de signes interprétables comme tels. Les rires nourrissent les blagueurs.

Pour garantir cette nourriture psychoaffective, pour satisfaire son orgueil, son ego (rendre sa quête compensatoire efficace), Magali doit :

- connaître beaucoup d'histoires ;
- les retenir, avoir une bonne mémoire ;
- adapter ses histoires à son public ;
- choisir le bon moment ;
- reconnaître les contextes favorables et s'adapter ;
- cultiver l'art du récit.

Faire rire les autres a deux fonctions : une utilité sociale pour les rieurs et une fonction narcissique pour celui qui fait rire. **Est-ce choquant ?**

Si j'espère en écrivant ce cahier qu'il vous sera utile, je ne suis pas dupe et je sais qu'il me procurera une satisfaction

égotique si vous êtes nombreux à l'apprécier.
Deux fonctions : une altruiste, une égoïste. À ce dernier adjectif, je n'enlève rien. Bien que son suffixe exacerbe la dimension péjorative, vu que le « -iste » d'altruiste ne choque personne, je garde égoïste tel quel. Une part pour vous, une part pour moi. J'assume.

Le sens du partage et la comptabilité psychoaffective

Une vie psychique équilibrée passe par une vie sociale équilibrée. Sans équité, les déséquilibres créent des tensions individuelles et collectives.

Nos ego sont par nature égotiques, mais ils ne sont pas seuls à influencer nos vies. Bons serviteurs et mauvais maîtres, ils doivent être commandés par une instance supérieure. L'énergie de l'ego est extrêmement puissante ; le mécanisme de compensation lui donne de la force. Nous aurions tort de ne pas faire usage de cette force. Tel un animal sauvage, il nous appartient de dompter cette force, de l'orienter, de la canaliser et d'en faire bon usage.

> « Sans orgueil, on ne fait rien.
> Sans humilité, on le fait mal. »[1]

1 – Phrase extraite de *L'Évangile de Jimmy*, roman de Didier Van Cauwelaert, 2004, Albin Michel

Avant de traiter le fond du problème (les pulsions boulimiques de la compensation), il faut calmer le jeu, calmer la bête. J'ose la comparaison suivante : **l'ego est comme un animal qui nous accompagne toute notre vie. Si on ne le nourrit pas, il finit par nous dévorer.**

Nourrir l'ego n'est pas une abstraction ; c'est ce que nous faisons plus ou moins chaque jour en appliquant de simples règles de politesse.

Simples rituels démagogiques ou authentiques attentions altruistes, les bonjours, les mercis sont autant de marques de considération, de respect qui maintiennent les ego à une place qui n'est pas trop envahissante.

A contrario, ignorer, snober, ne pas écouter, couper la parole... cristallisent les ego qui réclament bruyamment leur « dû ».

Communiquer, ce n'est pas faire de la com

Par-delà la politesse telle qu'elle nous est sommairement enseignée dans nos sociétés, un apprentissage de techniques simples de communication est un atout considérable pour canaliser les ego de nos interlocuteurs quotidiens. La CNV, la PNL, les accords toltèques, l'analyse transactionnelle... faites votre choix, il existe bien des méthodes pour améliorer nos façons de communiquer. Toutes ont un point commun : **éviter que nos ego s'emballent et parasitent trop nos relations.**

« Faire de la com » est pourtant devenu une expression péjorative. Chaque jour, des journalistes, des humoristes ironisent sur les manipulations politiques, commerciales ou autres.
Entre nourrir un ego et le flatter, il n'y a qu'un pas. Pour ne citer qu'eux, les publicitaires savent bien à quel point nos fragilités égotiques nous rendent manipulables.

Ils ne se gênent pas pour nous refourguer leur came *parce que nous le valons bien.* À bien y regarder,

on nous Claudia Schiffer, on nous Paul-Loup Sulitzer. Ah le mal qu'on peut nous faire et qui ravagea la moukère !

En nous faisant croire que le bonheur c'est d'avoir, nos ego se laissent convaincre que nous sommes tellement plus aimables avec tels vêtements, tel maquillage, avec une grosse voiture ou une grande maison.

On nous prend, faut pas déconner,
dès qu'on est né, pour des cons alors
qu'on est une foule sentimentale...
Foule sentimentale, Alain Souchon

... des foules fragilisées par des ego avides de promesses réconfortantes, des foules qui confondent un sentiment avec un besoin névrotique, l'amour avec la séduction.

Foule sentimentale

Les puissants de ce monde ont fort bien compris les ressorts de la démagogie.

Un ego fragile rend manipulable à souhait. Comme le rappelle la fable de Jean de la Fontaine : *Sans mentir, si votre ramage se rapporte à votre plumage, vous êtes le phénix* (*Le corbeau et le renard,* Jean de La Fontaine) ...

À bon entendeur, ne partagez votre fromage qu'avec ceux qui comprennent le véritable sens du partage !

Vos fromages, vos œufs, ne les mettez pas tous dans le même panier !

Dès le plus jeune âge, nous nous révélons doués dans certains domaines et pas dans d'autres. Les compliments qu'on reçoit dans nos secteurs de réussite nous poussent souvent à les surinvestir. Pourquoi pas ?

Mais souvent, ce surinvestissement s'accompagne d'un désinvestissement du reste. Le syndrome de l'expert n'est pas dénué d'avantages, mais il comporte aussi une grande fragilité.

Que devient une sportive de haut niveau si elle se casse une jambe ? *Quid* de ce professionnel zélé quand il prend sa retraite ? Que dire de ce beau gosse qui a tout misé sur le mannequinat et dont la plastique est passée de mode ?

Ne pas mettre tous ses « je » dans le même panier

La polyvalence est un important facteur d'équilibre psychosocial. Combien de sportifs dépriment quand ils sont blessés ? Combien de séductrices s'écroulent quand leur beauté s'est flétrie ? À tout âge, nous pouvons décider d'élargir l'éventail de nos goûts, de nos compétences, de nos cercles sociaux. **Cultivons la curiosité, tentons, testons des activités nouvelles, élargissons notre culture générale, découvrons de nouveaux univers** (sociaux, géographiques, artistiques, associatifs...) !

Ce gain de polyvalence peut nous apporter un surcroît d'estime, de l'admiration peut-être. De la part des autres bien sûr, mais pas seulement !

SAUVONS les GORILLES
Defenseur de la nature
Super Geek
Skateboard Girl !

Aller au cœur et cultiver l'estime positive de soi par soi

Comme nous l'avons évoqué précédemment, ce qui semble raisonnable et réaliste de faire avec notre ego, c'est le **CANALISER.** Symptomatiquement, au niveau de la compensation, cela passe par une stratégie d'efficience et une orientation éthique.

J'ai préféré faire construire une petite maison bien isolée, fabriquée avec des matériaux aux normes écologiques plutôt qu'une grosse maison m'as-tu-vu.

Mais pour **CANALISER** l'ego, on peut aussi en contrôler le flux (diminuer le diamètre du « tuyau »). Il s'agit de réduire à la source, la cause de la compensation. (voir schéma p.50.)

Le concept d'autonomie affective a de quoi surprendre. Une vieille évidence nous pousse à rechercher l'affection ailleurs et ainsi penser qu'il n'y a qu'en autrui qu'on peut la trouver. Il faut dire que la quête compensatoire est installée en chacun de nous depuis si longtemps. Et le tabou de l'auto-amour est encore très puissant, quoi qu'on en dise et malgré le succès relatif des livres, des articles, des théories sur l'estime de soi.

Je rappelle cette très logique affirmation : « Si je ne m'aime pas, il faut bien que d'autres s'en chargent. » Cette dépendance met une forte pression sur notre entourage et nous rend fébriles, anxieux, soucieux d'obtenir l'approbation, la reconnaissance, l'estime des gens. Leur regard, leurs jugements prennent une place prépondérante dans nos choix, nos priorités, nos motivations.

Pour se libérer de l'emprise du jugement de soi par les autres, il faut lui donner un contrepoids important : **le jugement de soi par soi.** Et si vous êtes doué pour le jugement négatif de vous par vous, alors vous devez apprendre le jugement positif de vous par vous. Il ne s'agit d'ailleurs pas de remplacer l'un par l'autre. Vos erreurs, vos défauts ne doivent pas être ignorés ; ils doivent être mis en balance avec vos qualités.

Les défis ludiques participent parfois à identifier des qualités, des compétences. Il y a un gros coup à faire dans la partie de scrabble page suivante. À vous de jouer…

T1 O1 D2 A1 N1 P3 A1

Mot compte triple

Lettre compte triple

Mot compte double

Lettre compte double

Imparfait et parfaitement aimable

Perfectionnisme et perfectionnement sont radicalement différents. C'est en apprenant, en persévérant, en **APPROFONDISSANT (621 points, 23 x3 x3 x3. Joli coup !)** qu'on cultive des qualités, des compétences.

Une personne qui a une bonne estime d'elle-même n'ignore pas ses imperfections. Elle en connaît certaines, cherche à connaître les autres, elle les accepte et en corrige patiemment quelques-unes tout au long de sa vie. Cette humble connaissance est possible et digeste parce qu'elle est soupesée, confrontée à la somme des qualités qu'on se reconnaît. C'est d'ailleurs un principe d'estime, d'amour, qu'en général nous appliquons aux autres. Mis à part la phase d'aveuglement amoureux dans laquelle on tend à idéaliser l'autre, quand on parvient à aimer quelqu'un, c'est en conscience de ses défauts et du fait qu'ils sont bien moins importants que ses qualités. Pourquoi ne pas appliquer ce principe à soi-même ? Parce que la balance est déréglée. Par souci d'équité et de lucidité, réparez-la ! Déplacez l'axe !

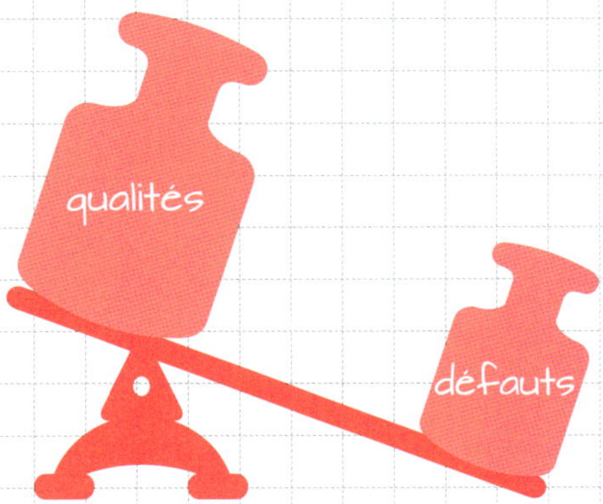

Une saine estime de soi ne fait pas abstraction non plus du jugement que les autres portent sur nous. Ce que les autres nous renvoient, leur regard, leur recul, leur subjectivité, est précieux. Mais la susceptibilité qu'engendre la quête compensatoire nous rend trop souvent hermétiques à la critique. Pourtant idéalement, leurs jugements devraient être intégrés aux nôtres afin, qu'en se complétant, ils forment une riche masse d'informations qu'il nous appartient de trier, de hiérarchiser. Loin du trop consensuel rejet du jugement, il s'agit là d'apprendre à juger avec pertinence. C'est l'école du **discernement.**

Les autres voient de moi des choses que j'ignore ; ils ont un recul que je ne peux avoir sans eux. Quant à moi, j'ai également une multitude d'informations que les autres ne peuvent pas connaître. À l'école du jugement, je recueille un maximum d'informations, j'écoute les avis, je réclame des arguments, ceux des autres, les miens. Seulement là, je commence à élaborer une opinion.

Viens faire toi-même le mélange des couleurs,
dans la cabane du pêcheur
La cabane du pêcheur, Francis Cabrel

En présence d'interlocuteur(s), cela reste difficile. Le mieux dans un premier temps, est de dissocier les moments de recueil d'informations et d'analyse. Après avoir échangé des propos avec quelqu'un, il est préférable de se retrouver seul avec de quoi écrire.

Viens faire toi-même le mélange des couleurs !

Choisissez un événement récent où vous avez été blessé(e) par une critique.

Je décris l'événement, les faits de façon aussi objective que possible :

ce qu'il (elle) me reproche	ce qu'il (elle) dit de positif à mon égard

les erreurs que je reconnais avoir commises	ce que j'ai fait de bien, mes circonstances atténuantes

Prenez la mesure de toutes ces informations et exercez votre esprit critique !

Autorisez-vous à critiquer la critique. Il est essentiel de prendre en considération l'état d'esprit dans lequel les jugements ont été formulés. Les critiques d'une personne mue par la rivalité, la jalousie, la vengeance n'ont évidemment pas la même valeur que celles chez qui la bienveillance préside.

Inversement, la séduction voire la démagogie peuvent inciter votre interlocuteur à minimiser votre responsabilité. À vous de juger…

Pour échapper aux jugements simplistes, il faut considérer **toutes les nuances de la situation.** Plus on est susceptible, plus les émotions sont fortes, et moins on perçoit la complexité de ce qui s'est vraiment passé ni les responsabilités de chacun.

Le Dr Christophe André a très justement intitulé son livre sur l'estime de soi *Imparfaits, libres et heureux*. Une juste pesée de vos qualités et défauts vous rendra à coup sûr aimable à vos yeux.

Mais cet acte abstrait de jugement ne doit pas rester ponctuel. Cette subtile mesure doit être considérée comme un rituel d'hygiène psychosociale.

Se brosser les dents tous les jours est un geste que peu de gens mettent en cause. Je sais que ce conseil va à l'encontre de bien des tendances et modes actuelles, mais je le répète :

il nous faut apprendre à juger sans complaisance, avec justesse et bienveillance.

t'es stylé
t'es sympa
t'es costaud
t'es gentil
tu chantes comme une bête !

Pour parvenir à une juste estime de soi, le travail psychologique le plus difficile consiste à collectionner (et actualiser !) **une liste de qualités que l'on se reconnaît à soi-même.** À vous de jouer...

Rébus

'M

'M

'M

Solution page 96

En résumé, il y a une certaine logique dans la progression proposée. Mais si vous le souhaitez, vous pouvez mettre en cause cette chronologie.
Quoi qu'il en soit, je vous souhaite de tout cœur d'aimer et d'être aimé(e).

1. Être conscient(e) de ma quête compensatoire.

2. Accepter d'en être là.

3. Assumer mon besoin d'être estimé(e) positivement par autrui.
a) Canaliser, rendre efficace mon besoin de reconnaissance.
b) Choisir en conscience les modalités en les alignant sur mes valeurs.

4. Acquérir une plus grande autonomie affective.

5. Je m'aime, je t'aime, on sème... Nous récoltons.

Je m'aime, je t'aime, on sème

AVANT D'ÊTRE UN JOUR PEUT-ÊTRE UNIVERSEL, L'AMOUR EST D'ABORD CONCENTRIQUE ET CENTRIFUGE.

En changeant d'échelle, on peut observer de quelle manière 7 milliards d'humains nourrissent leurs ego boulimiques. Votre curiosité vous amènera peut-être à considérer ce qui pousse un pollueur à polluer, un tyran à tyranniser, un actionnaire à spéculer, un publicitaire à mentir, un assassin à tuer, un économiste à rêver de croissance… Les processus de compensation et de surcompensation sont au cœur des problématiques de notre monde malade. Le soigner commence par se soigner soi-même de ses propres maux.

Pendant l'incendie, un colibri va et vient entre la rivière et les arbres en feu. À chaque trajet, il dépose une goutte d'eau sur les flammes. Aux animaux qui fuient et se moquent de lui, il répond simplement : **« Je fais ma part. »**

Est-ce que je fais ma part ?
Il faut que je réponde.
Et si chacun fait sa part,
nous éteindrons l'incendie du Monde.
Goutte à goutte, la vie s'écoule
Goutte à goutte, la vie… C'est cool.

Mind Mapping

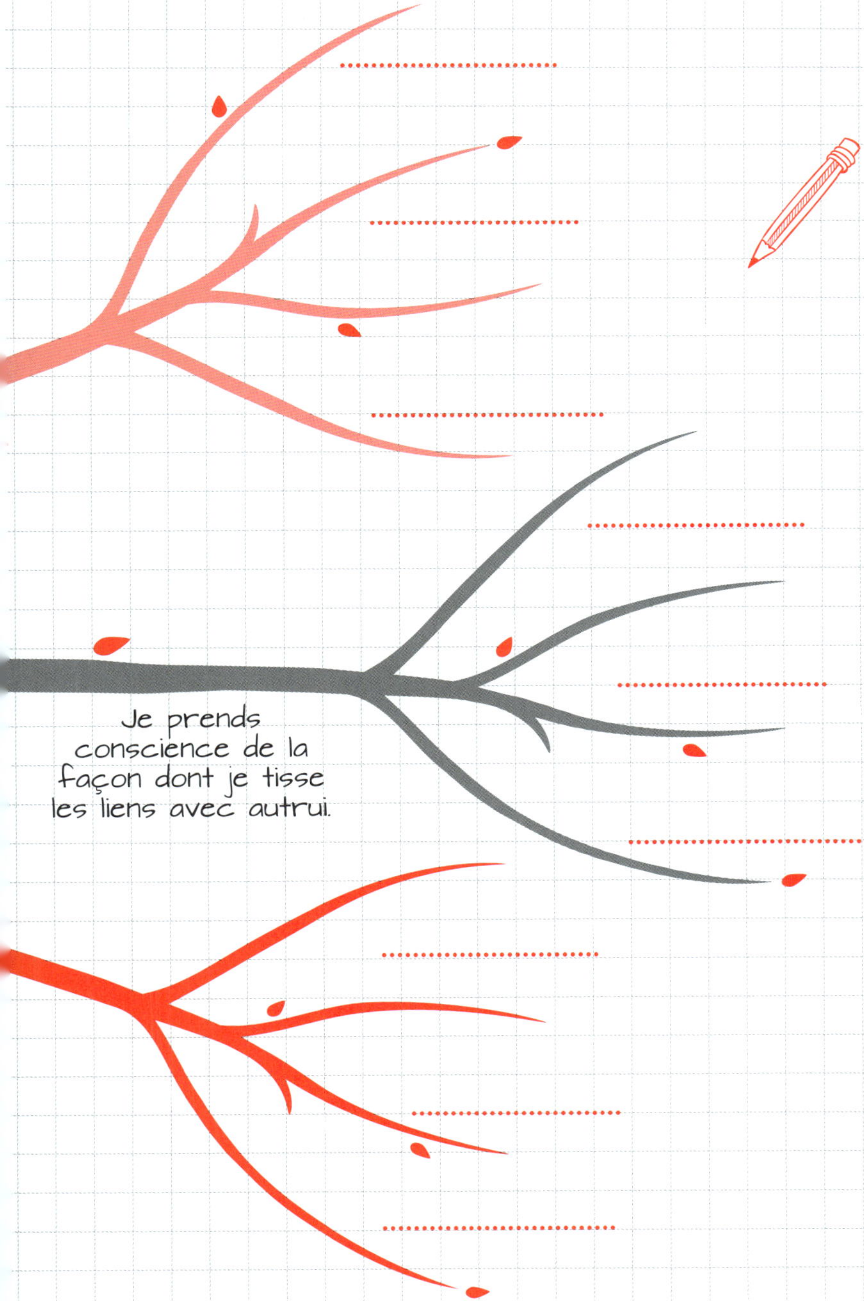

Je prends conscience de la façon dont je tisse les liens avec autrui.

Solutions

P. 58, Phrases mystères des mots croisés :
Un don Juan procède en deux temps : il jette son dévolu sur une femme avant de jeter la femme, une fois dévaluée.
La première lame soulève l'à-poil. La deuxième lame la coupe avant qu'elle ne se rétracte.

P. 88 :
Rébus : je m'aime, je t'aime, on sème
(JEU + MAI + 'M, JETÉE + 'M, ONCE + 'M)

	A	B	C	D	E	F	G	H	I	J	K	L	M	N	O	P	Q	R
1	P	O	I	L	■	V	O	L	A	N	T	S	■	■	E	T	R	E
2	■	S	R	■	D	E	V	A	L	U	E	E	■	P	■	E	U	■
3	F	E	M	M	E	■	A	M	E	■	M	■	D	R	A	M	■	R
4	I	■	■	A	V	A	R	E	S	■	P	R	E	E	M	P	T	E
5	A	P	R	I	O	R	I	■	I	N	S	O	U	M	I	S	■	T
6	■	R	E	■	L	I	E	R	A	I	■	A	X	I	S	■	O	R
7	D	O	N	J	U	A	N	■	■	D	E	N	I	E	■	■	R	A
8	■	C	O	E	■	■	N	E	C	■	■	N	E	R	F	S	■	C
9	J	E	T	T	E	■	E	■	O	E	D	E	M	E	■	O	I	T
10	I	D	E	E	■	■	S	O	U	T	E	■	E	■	E	L	L	E
11	V	E	R	R	E	■	■	■	P	■	M	I	■	U	T	E	■	■
12	E	■	A	■	S	O	U	L	E	V	E	■	A	V	A	N	T	■

La belle au moi dormant

À chacun sa dope, à chacun sa dépendance
C'est assez stupéfiant ce que l'amour promet
Les fruits de la passion dans la corne d'abondance
Sont sucrés puis amers entre toujours et jamais

Puisqu'on a tous au cœur un sparadrap qui se décolle
Puisqu'après la liqueur, quand on a dessoûlé
On s'organise, on gère, en amour on bricole
Mais dans quel état j'erre ? Je suis un romantique refoulé

Avec des contes de fée en intravénéneuse
Goutte à goutte, le Prince est un peu moins charmant
Coûte que coûte, la fable n'en est pas moins ruineuse
Qu'est-ce qu'elle a donc gagné la Belle au moi dormant ?

Puisqu'on a tous au cœur un sparadrap qui se décolle
Puisqu'après la liqueur, quand on a dessoûlé
On s'organise, on gère, en amour on bricole
Mais dans quel état j'erre ? Je suis un romantique refoulé

Le Rome antique est en ruines, Venise se gondole
Don qui rit, Don Quichotte et peu à peu Don Juan
Le cynisme guette quand on brûle nos idoles
Gens qui rient, gens qui pleurent, que vont penser ces gens ?

Puisqu'on a tous au cœur un sparadrap qui se décolle
Puisqu'après la liqueur, quand on a dessoûlé
On s'organise, on gère, en amour on bricole
Mais dans quel état j'erre ? Je suis un romantique refoulé

Pour ne pas jeter le bébé avec l'eau du bain
Va falloir m'entraîner, je ne suis pas papa
Va falloir jouer aux dames, sinon y'aura pas de bambin
À ce jeu, quelques femmes m'ont pris pour leur sherpa

Puisqu'on a tous au cœur un sparadrap qui se décolle
Puisqu'après la liqueur, quand on a dessoûlé
On s'organise, on gère, en amour on bricole
Mais dans quel état j'erre ? Je suis un romantique refoulé

Illusions, chimères, miroirs aux oubliettes
Je continue le tri dans mes albums photos
Le ménage de printemps dans ma tronche de poète
Ne ménage pas mes vingt ans ni mes vieux idéaux

Puisqu'on a tous au cœur un sparadrap qui se décolle
Puisqu'on s'adapte encore bien après l'école
J'avais rangé mes rêves dans un vieux meuble légué
Mais sur quelle étagère ? Je suis un utopiste fatigué

Puisqu'on a tous au cœur un sparadrap qui se décolle
Puisqu'on est détourné par des vautours qui racolent
J'avais placé mes valeurs sur un vieux compte bloqué
Un compte que l'État gère. Mais je n'ai plus peur de manquer

Puisqu'on a tous au cœur un sparadrap qui se décolle
Avec un pacemaker, c'est pas toujours qu'on rigole
Mais l'amour me drague encore alors je vais pas me gêner
L'errance est passagère. Je reste un authentique passionné

Hervé Magnin

Bibliographie

- Christophe André, *Imparfaits, libres et heureux,* éd. Odile Jacob, 2006
- Olivier Clerc et Don Miguel Ruiz, *Les Quatre Accords toltèques,* éd. Jouvence, 2005
- Isabelle Filliozat, *Les Autres et moi,* éd. JC Lattès, 2009
- Hervé Magnin, *Susceptible et bien dans ma peau,* éd. Jouvence, 2008
- Hervé Magnin, *La Positive solitude,* éd. Jouvence, 2010
- Hervé Magnin, *Face aux gens de mauvaise foi,* éd. Eyrolles, 2013
- Hervé Magnin, *C'est décidé, je m'aime,* éd. Jouvence, 2016
- Pierre Rabhi, *Vers la sobriété heureuse,* éd. Actes Sud, 2013
- Marshall B. Rosenberg et Gabriele Seils, *Dénouer les conflits par la Communication NonViolente,* éd. Jouvence, 2006

Du même auteur aux Éditions Jouvence

Petit cahier d'exercices pour oser réaliser ses rêves

Un petit cahier ludique pour avancer sur le chemin de nos rêves tout en réalisant ce qui peut l'être et en prenant conscience de nos talents.

6,90 € · 64 pages

C'est décidé, je m'aime !
Le pourquoi et le comment de l'estime de soi

L'amour de soi... vraiment, cela ne va pas de soi.
Par-delà la description des effets et des causes d'une mésestime de soi, Hervé Magnin propose de découvrir des ressources pragmatiques pour accroître l'estime de soi.

7,70 € · 160 pages

Achevé d'imprimer en janvier 2018

Imprimé en Bulgarie

Dépôt légal : janvier 2018